# La semaine de Ninon

Ce lundi Ninon est très fâchée contre Maman.
Maman n'a pas voulu que Ninon regarde la télévision jusque tard dans la nuit. Elle lui répétait sans cesse :
« les enfants ont besoin de sommeil, tu es trop petite pour veiller tard ! »
De toute façon c'est pas juste, Maman portait son **MASQUE SÉVÈRE**.

Mardi Ninon n'est pas contente ! Maman lui a préparé son ensemble avec son pantalon bleu, mais Ninon ne veut pas le mettre.

« Moi ce que je veux c'est ma robe rouge, un point c'est tout ! »

Mais Ninon ne peut pas faire tout ce qu'elle veut, surtout quand il fait froid dehors. Alors Maman est arrivée avec son **MASQUE DE COLÈRE** et Ninon a encore dû se résigner !

Mercredi c'en est trop, Maman a donné un plus gros morceau de chocolat à Nicolas. Elle en est sûre.
« C'est pas juste, Nicolas a un plus gros morceau de chocolat que moi. Et bien moi je ne mange pas, na ! »
Évidemment Maman ne veut rien entendre, elle a trouvé la parade car elle a mis son **MASQUE D'INJUSTICE !**

Jeudi soir une bagarre éclate entre Nicolas et Ninon !
Ils courent tous les deux expliquer à Maman le mal que l'autre lui a fait. Bien sûr Maman ne gronde pas seulement Nicolas mais Ninon aussi !

Ninon aurait bien aimé que Maman punisse Nicolas mais pas elle ! Mais au lieu de cela elle leur dit qu'ils doivent essayer de s'entendre et de trouver une solution à leur conflit.

Comme si c'était possible de s'entendre avec Nicolas ! Immanquablement c'était couru d'avance, puisque Maman portait son **masque de préférence.**

Le vendredi soir c'est le week-end . Chouette ! Ninon va jouer rien qu'avec Maman. Elle court voir cette dernière mais Maman ne peut toujours pas ! C'est agaçant, elle prépare le repas pour Papy et Mamie qui viennent nous voir.

Bien-sûr Ninon doit encore attendre « J'en ai assez d'attendre moi ! Tu n'as jamais de temps pour moi, tu portes toujours ton **MASQUE DE MAMAN OCCUPEE** »

Samedi c'est le jour des courses et Ninon est bien intéressée par les bonbons au chocolat qu'il y a juste devant elle.

" Oh ! Mais ce livre est super intéressant aussi. Et cette poupée-là, je suis certaine qu'elle s'entendrait bien avec ma poupée Jonquille. Dis Maman, tu me les prends ? "

Et là, Maman répond inlassablement Non car Ninon a déjà eu son magazine en début de semaine et que ce ne serait pas juste pour Nicolas !

De toute façon le Samedi c'est toujours **LE MASQUE DE MAMAN MÉCHANTE !**

Le dimanche matin Ninon et Nicolas se lèvent ensemble et courent rejoindre Maman dans son lit.
Ils rient tous les deux des chatouilles que Maman leur fait !
Nicolas et Ninon aiment bien faire équipe pour faire rire Maman avant qu'elle ne les attrape.

A côté du lit les masques traînent sur le sol. Ninon ne pense plus à eux car le dimanche, Maman a moins de choses à faire et cette journée-là, elle la réserve à ses petits chéris !

Aujourd'hui il y a juste Maman, **les masques n'existent plus !**

Loi n°49-956 du 16 juillet 1949 sur les publications destinées à la jeunesse,
modifiée par la loi n°2011-525 du 17 mai 2011.

© 2019, Eriau, Anne-Marie
Edition : Books on Demand,
12/14 rond-Point des Champs-Elysées, 75008 Paris
Impression : BoD - Books on Demand, Norderstedt, Allemagne
ISBN : 9782322085613
Dépôt légal : novembre 2019